LETTRES

A LA NOBLESSE

DE BRETAGNE.

Par l'Auteur du projet de réponse au Mémoire des Princes.

1789.

PREMIERE LETTRE
A LA NOBLESSE DE BRETAGNE.

MESSIEURS,

Vous trouverez sans doute téméraire (& cette expreſſion paroîtra foible à la plupart d'entre vous), le projet
d'un particulier obſcur, oſant blâmer
hautement vos principes & votre conduite dans les circonſtances préſentes,
& entreprenant de vous en prouver à
vous-mêmes l'irrégularité & les incon-
véniens.

Sans miſſion que celle que je me
donne, ſans intérêt, au moins direct &
prochain, puiſque je ne ſuis pas Breton,
de quel droit interviens-je dans une
querelle qui ſemble m'être étrangere ;
& d'ailleurs ſeul contre un Corps entier, quelle eſpérance puis-je avoir de

A 2

vaincre dans un combat ſi prodigieuſe-
ment inégal?

J'ai bien médité d'avance la démar-
che que j'oſe faire aujourd'hui ; & ni
les conſidérations que je viens d'indiquer, ni quelques autres que je m'abſ-
tiens de faire connoître, ne m'ont paru
aſſez fortes pour m'arrêter

Ma miſſion, je la tiens de la juſtice
même de la cauſe que je prétends défendre, parce que tout le monde eſt ap-
pelé à défendre une cauſe juſte. Mon
intérêt eſt celui que tout citoyen françois doit mettre à rapprocher les parties diviſées d'un même Empire, à voir
la paix publique établie & les droits de
tous les citoyens reſpectés.

Quant à l'eſpoir de vaincre, ſans lequel on ne combat point, je fonde le
mien ſur la force de la raiſon, qui combat
pour moi. *Veritas omnia vincit*, la vérité triomphe de tout. Voilà ma deviſe,
mon cri de guerre, voilà le motif de
ma confiance ; c'eſt à l'opinion publique
à juger de quel côté ſera la victoire.

J'ai fous les yeux trois pièces pu-
bliées de votre aveu. La proteftation
de l'Ordre de la Nobleffe de Bretagne
du 8 janvier 1789, la déclaration de
la Nobleffe du 10, & l'extrait raifonné
des féances des Etats ; c'eft là que je
trouve vos opinions & vos procédés,
& c'eft de là que je les appellerai pour
les combattre.

Mais je me vois arrêté dès l'entrée
de la carriere par un obftacle qui femble, au moins au premier coup d'œil,
véritablement infurmontable.

Je lis dans le procès verbal du 8
janvier : « Que tous les Gentilshommes
» ont renouvelé par acclamation le fer-
» ment de demeurer inféparablement
» unis pour la défenfe de la conftitu-
» tion . . . . . . & de n'entrer jamais dans
» aucune adminiftration publique, autre
» que celle des Etats, formée & réglée
» felon la conftitution actuelle & les
» réglemens de cette affemblée, & qu'ils
» n'y coopéreront jamais par leur pré-

» fence , ni d'aucune autre maniere
» quelconque » ; à quoi vous ajoutez ces
terribles paroles, « Si aucun Gentilhomme
» confentoit à être membre d'une pa-
» reille affemblée , nous le regardons
» comme deshonoré , & fous le ferment
» de l'honneur nous le jugeons traître à
» la patrie ».

· En vous voyant prendre un femblable engagement à la face de vos compatriotes, de la Nation françoife, &
de l'Europe entiere, je me dis à moi-
même qu'il eft infenfé d'entreprendre
de vous faire abandonner des opinions
auxquelles vous vous êtes attachés par
des liens fi forts, & auxquelles vous ne
pouvez renoncer fans encourir une
peine fi terrible.

Mais puifque mes efforts feroient
vains, tant que je n'aurai pas écarté
cet obftacle, tant que votre ferment
vous paroîtra inviolable & facré, c'eft
donc ce ferment même que je dois attaquer, & c'eft ce que je fais en entre-

prenant de vous prouver qu'il eſt, 1°. téméraire ; 2°. donnant à vos réſolutions le caractere de l'obſtination ; 3°. injurieux envers vos compatriotes, les gens du Tiers Etat ; 4ᵇ. bleſſant les principes d'une ſaine morale dans la diſtribution de la louange & du blâme, de l'honneur & du déshonneur ; 5°. enfin nul, & ne pouvant fonder aucune obligation pour ceux mêmes qui ont crû s'obliger en le proférant.

Voilà, dira-t-on dès l'abord, des termes bien durs. Je voudrois de tout mon cœur en connoître d'autres qui rendiſſent, avec la même exactitude, mes idées & ma conviction ; mais s'ils étoient plus doux, ils ſeroient trop foibles, & je veux dire la vérité tout entiere, & l'exprimer auſſi fortement que je le puis. Qu'avons-nous à faire vous & moi de ces puſillanimes ménagemens ? Vous avez bien ſans doute le courage d'entendre la vérité, & j'ai celui de vous la dire.

I. Oui, Meſſieurs, votre ſerment eſt

téméraire ; & quand vous n'auriez contre vous que cette seule démarche,
vous seriez taxé, avec raison, d'imprudence & de légereté, reproches qui
prennent une accablante gravité quand
ils s'adressent, non pas à un individu,
mais à un corps d'hommes d'un état
respecté, qui ne peut mettre trop
de sagesse & de maturité dans ses résolutions

Quoi ! Messieurs, vous n'ignorez pas
qu'un grand nombre de personnes éclai-
rées, & ce qui est bien important à
remarquer, désintéressées, regardent
votre constitution comme vicieuse ;
vous savez que beaucoup d'hommes
instruits sont convaincus que l'égalité
de la représentation accordée au Tiers,
& même la délibération par têtes qui en
est la suite naturelle, sont des dispositions justes & essentielles à l'organisa-
tion de toute assemblée qu'on voudra
rendre vraiment nationale : & vous
faites serment de ne jamais adopter ces

principes, qui semblent à tant d'autres
dictés par la justice & la raison ?

Et je vous prie de nous le dire, Messieurs, sur quoi fondez-vous une telle
assurance ? Puisqu'il faut toujours chercher dans la raison même & dans la nature des hommes & des sociétés, les
vrais principes d'une bonne constitution,
ces sources ne sont-elles ouvertes qu'à
vous, ou vous seuls savez-vous y puiser ?
avez-vous une logique qui vous soit particuliere, un art qui soit à vous seuls,
de conduire votre esprit dans la recherche de la vérité ?

Mais si vous n'avez à tous ces égards,
sur vos compatriotes, sur le reste de la
Nation, & sur les hommes instruits
qu'elle renferme aucun avantage, dans
l'opposition de vos opinions à celles de
tant d'autres hommes, vos égaux en
lumieres & en vertus, comment osez-
vous jurer que vous ne vous départirez
jamais de vos opinions actuelles ; que
vous ne verrez jamais les mêmes objets

comme les voient tant de perſonnes qui ont des yeux comme vous ?

Mais quoi ! votre ſerment lui-même accuſe l'incertitude de vos principes ; vous n'en êtes pas bien ſûrs, puiſque vous vous engagez par ſerment à les ſoutenir toujours. Ce ſerment eſt un ſecours étranger que vous appelez à votre aide contre des motifs dont vous craignez la force, & qui déjà ébranlent en vous vos propres opinions.

On ſe lie par un ſerment & par un vœu à des réſolutions imprudentes, dont on craint de ſe repentir un jour. On s'arme, dans le délire de l'erreur du de la ſuperſtition, contre ſa propre raiſon dont on prévoit le retour ; mais qui jamais a fait ſerment de croire à des vérités évidentes, à des principes inconteſtables & inconteſtés ?

Votre marche eſt préciſément celle qu'ont ſuivie conſtamment l'ignorance & les préjugés les plus funeſtes. Toujours les hommes conduits par ces guides

infideles ont fait ferment de ne pas
ouvrir les yeux.

Enfin, Messieurs, ne suis-je pas en
droit de taxer d'imprudence & de témé-
rité une démarche qui, dans beaucoup
de circonstances pareilles à celles où
vous vous trouvez, auroient pu coû-
ter & coûteroient encore à une Nation
son bonheur ?

Imaginez pour un moment dans des
siecles qui ne sont pas fort éloignés de
nous, & je pourrois dire dans notre
siecle même, une conduite semblable à
celle que je blâme en vous ; ne voyez-
vous pas qu'il y a telle circonstance où
un pareil ferment auroit arrêté les pro-
grès de l'esprit humain & ceux des sociétés, & perpétué jusques à nos jours,
& par delà, l'empire des préjugés les
plus funestes, des erreurs les plus gros-
sieres, des tyrannies les plus oppres-
sives.

Les exemples ne me manqueroient

pas : je n'en alléguerai qu'un seul , analogue à votre situation.

Où en feroit l'Amérique & fa liberté, fi, vers le milieu du fiecle, dans un temps où ces provinces, ménagées encore par l'Angleterre, voyoient leur richeffe & leur population s'accroître à l'ombre & fous la protection de la Nation du fein de laquelle elles font forties , fi, dans ces temps, dis-je, dans un mouvement d'enthoufiafme pour une métropole riche, puiffante, victorieufe, elles euffent fait ferment fur leur honneur, de ne participer à aucune adminiftration différente de celle qu'elles avoient fous fa protection ? Elles fe feroient ainfi fermé le chemin à l'heureufe révolution qui les a rendues libres , & qui leur promet toute la profpérité à laquelle peut atteindre une grande Société politique. Ce qui les auroit perdues , & ce qu'elles n'ont pas fait, c'eft ce que vous faites pour confacrer une conftitution plus vicieufe

cent fois que la leur. Un ferment femblable au vôtre, & plus excufable que
le vôtre, leur auroit coûté leur liberté.

J'ai dit en II. lieu, que votre
ferment donne à vos réfolutions le ca-
raƈtere de l'obftination, qui fied fi mal à
des hommes affemblés comme vous
l'êtes pour difcuter les plus grands intérêts.

D'abord, Meffieurs, l'obftination fe
montre dans l'ufage d'un moyen que
vos adverfaires peuvent employer auffi
bien que vous. S'il ne tient qu'à jurer,
le Tiers - Etat ne peut-il pas jurer
comme vous ? ne peut - il pas faire
ferment de ne plus fouffrir d'être
fi infuffifamment repréfenté dans votre Affemblée nationale, de ne plus
fouffrir qu'on y délibere par Ordre,
de ne plus fouffrir que la corvée, la
milice, le logement des gens de guerre,
pefent fur lui plus fortement que fur
les autres Ordres, &c ? Et lorfqu'il

auroit, assuré par ce moyen, le re-
couvrement de ces droits si justes, ne
pourroit-il pas demander beaucoup
davantage ; & à quelles limites l'ar-
rêteriez-vous ?

La justice, la raison, la bonté, la
simple politesse nous conduisent dans
la dispute à distinguer dans notre adver-
saire l'homme, de ses préjugés & de ses
erreurs. Je ne veux & ne dois attaquer
que l'opinion, & je veux respecter &
ménager la personne : vous rendez autant qu'il est en vous cette distinction
impossible, en faisant de vous & de vos
préventions, de votre honneur & de
vos préjugés, un seul & même corps,
qui doit ressentir tous les coups qu'on
peut vous porter. Votre serment vous
attache à votre opinion par des liens si
ferrés, & vous identifie avec elle d'une
telle maniere, qu'on ne peut la combattre sans vous attaquer, ni la blesser
sans vous blesser vous-mêmes. Je vous le
demande à vous-mêmes, Messieurs,

l'obſtination peut-elle ſe montrer plus
à découvert ?

Vous me direz peut-être, pour affoiblir ce caractere d'obſtination que
j'attribue à votre ſerment, que vous ne
vous êtes pas fermé toutes les voies
pour un changement dans la conſtitution de vos Etats, puiſque vous vous
êtes réſervé le cas où les Etats de Bretagne conſentiroient à changer eux-
mêmes leur compoſition, & que tout
ce que vous vous êtes promis par ſerment, c'eſt de ne jamais ſouffrir qu'elle
ſoit changée ſans le conſentement des
Trois Ordres à l'unanimité.

Il eſt vrai qu'on trouve dans les pieces
citées ci-deſſus, votre ſerment énoncé
de deux manieres, dans la ſeconde deſ-
quelles vous ſemblez avoir voulu en
amollir la dureté.

Dans le ſerment rapporté à la page
24 & 25 de l'extrait raiſonné des ſéan-
ces des Etats de Bretagne, adopté par
acclamation le 8 janvier, vous prenez

un engagement abfolu & fans reftriction
ni condition, de n'entrer jamais dans
aucune adminiftration publique, autre
que celle des Etats, formée & réglée
felon la conftitution actuelle & les réglemens de cette Affemblée.

Dans le ferment énoncé par votre
déclaration, répandue à part dans le
Public, vous vous engagez à n'entrer
jamais dans une Affemblée différente de
celle de vos Etats actuels, & dont la
forme nouvelle n'auroit pas été déli-
bérée & confentie à l'unanimité par les
Trois Ordres, pour l'avantage de l'un
d'entre eux.

On peut croire au premier coup-
d'œil, que cette feconde formule eft
plus douce que la premiere; elles ne
font pourtant pas différentes au fond.

La raifon en eft, que la condition
énoncée dans la feconde n'eft & ne peut
être d'aucun effet.

Comment cette reftriction feroit-elle
férieufe?

férieufe ? Vous feuls & le Clergé pouvez faire obftacle à une délibération qui
changeroit la forme de vos Etats, pour
y donner au Tiers une repréfentation
plus équitable. Vous favez bien que le
confentement du Tiers à cette réforme
eft tout donné, puifque c'eft fon vœu
conftant & connu. La réforme tient
donc uniquement à votre confentement.

Cela pofé, en donnant à votre ferment cette forme prétendue condition-
nelle, c'eft comme fi vous juriez de ne
jamais rien changer à vos Etats, à
moins que vous-mêmes ne confentiez
à y changer quelque chofe, & de conferver éternellement votre conflitution
tant que vous, Nobles, ne voudrez pas
qu'il y en ait une autre.

Or un tel engagement feroit puéril,
& la propofition qui l'exprime, dépour-
vue de fens : ce n'eft donc pas ainfi qu'il
faut l'entendre ; il faut donc y voir un
fens auffi abfolu que dans le ferment
conçu felon la premiere forme, c'eft-à-

B

dire, un engagement inviolable de ne jamais confentir à aucun changement dans la compofition de vos Etats.

Faut-il une nouvelle preuve de la jufteffe de cette explication? on n'a qu'à obferver que votre ferment, de quelque maniere qu'on l'explique, a l'effet né-ceffaire d'interdire tout examen, toute nouvelle difcuffion dont on pourroit croire que la feconde formule de votre ferment fuppofe la poffibilité.

Vous ne pouvez changer d'avis tous à la fois dans le même moment; il faut que quelqu'un ouvre le premier, & feul, l'opinion contraire à celle que vous énoncez aujourd'hui. Or votre démar-che a imprimé d'avance la tache du déf-honneur fur le premier qui ofera annon-cer & vous préfenter une autre forme de compofition de votre Affemblée. Votre ferment vous rend donc tout chau-gement impoffible, puifqu'il empêche même la fimple propofition du moindre changemènt : j'ai donc raifon de dire, qu'il porte fans équivoque le caractere de l'obſtination.

III. J'ai dit en troiſieme lieu , Meſſieurs, que votre ferment eſt une injure cruelle à vos compatriotes les hommes du Tiers.

Le Tiers-Etat ſe préſente à vous avec des demandes qu'il croit juſtes : refuſer ou différer de l'entendre, c'eſt déjà un tort ; mais faire ferment de ne jamais ſouffrir qu'il ſoit fait aucun changement à la conſtitution dont il ſe plaint, c'eſt une véritable inſulte ; car on ne peut pas décider d'une maniere plus impérieuſe , plus dédaigneuſe , que ſes demandes ne ſont dignes d'aucune attention.

Je m'adreſſe à l'un de vous, & je lui dis : Je ſuppoſe que vous ayez une conteſtation avec un de vos voiſins, ſur les limites de vos poſſeſſions ; il ſe plaint d'une uſurpation ; il vous propoſe de vous conduire ſur les lieux , & de vous faire reconnoître que les bornes ont été

déplacées. Si vous lui répondez que vous
ne voulez rien examiner, que vous dé-
fendrez votre droit par tous moyens,
c'eſt déjà une réponſe bien dure ; mais
ſi ſur ſa propoſition vous jurez ſur votre
honneur que vous ne ſouffrirez jamais
que la borne ſoit changée, ne faudra-
t-il pas que vous vous coupiez la gorge
avec lui ?

Mais je crois déméler, Meſſieurs,
un motif qui peut vous avoir conduits à
votre ſerment, & qui le rendroit en
quelque maniere plus excuſable, en vous
le faiſant voir comme un moyen de
ſervir votre cauſe ; ſi j'explique bien vos
ſentimens, vous avez cru trouver dans
votre ſerment même une arme puiſſante
pour la défenſe de vos prétentions.

Je lis dans votre procès verbal que
le Gentilhomme qui a le plus contri-
bué à provoquer le ſerment, en s'adreſ-
ſant au Tiers, lui dit : « Meſſieurs, les
» ſermens que vous venez d'entendre
» ne doivent plus vous laiſſer de dou-

» tes fur les dangers auxquels votre
» inaction & votre refus de concourir
» à nos délibérations expofent la Bre-
» tagne, fi vous perfiftez à vouloir ob-
» tempérer à l'arrêt du Confeil ».

Il eft clair que cet avertiffement
donné au Tiers fuppofe de la part
de la Nobleffe une délibération anté-
rieure, prife rapidement par chaque individu, & dont voici l'efprit rendu avec
la plus grande fidélité.

Par fon refus de concourir à nos
délibérations, avant que nous ayons
écouté fes demandes, le Tiers Etat
croit pouvoir nous forcer de l'entendre. Il cédera, fi nous lui ôtons cette efpérance; pour la lui faire perdre, nous
n'avons qu'à jurer fur notre honneur
de ne pas fouffrir qu'il foit jamais fait
aucun changement aux formes & réglemens des Etats tels qu'ils font aujour-
d'hui; les gens du Tiers nous voyant
déformais dans l'impoffibilité de reculer, reculeront eux-mêmes. Jurons.

Mais, Messieurs,

Pour être approuvés,
De semblables projets veulent être achevés.

On a loué Fernand Cortez, entreprenant, avec cinq cents hommes, la
conquête du Mexique, d'avoir mis ses
troupes dans la nécessité de vaincre ou
de périr, en leur faisant brûler les vais-
seaux qui les avoient apportés.

Votre résolution est du même genre ;
mais vous n'avez ni les motifs de Cortez, ni l'espérance de réussir comme
lui par un si étrange moyen.

L'impossibilité du retour animoit
cette poignée d'Espagnols à déployer
en effet tout ce que le courage & la
patience pouvoient ajouter de ressources
à leur force réelle ; mais cette force,
quoique petite, étoit cependant redou-
table à des peuples certainement infé-
rieurs aux Européens en qualités de l'esprit & en force du corps, & sur-tout
ignorant l'art de la guerre & l'usage
des armes à feu.

Vous seriez-vous regardés , Meffieurs, comme placés dans une fituation
pareille au milieu de vos compatriotes ?
les auriez -vous pris pour des Mexi-
cains ? ignoriez-vous, & leur courage
à défendre les droits que leur donnent
la qualité d'hommes & de citoyens, &
leur nombre, & leur force ; & falloit-il
qu'une expérience tardive vous éclairât ?
Non, fûrement. Ils vous étoient connus,
ils étoient vos égaux , vos compatriotes, ils étoient François, ils étoient Bretons ; vous ne deviez donc pas brûler
vos vaiffeaux , c'eft-à-dire, pour quitter
la figure ; vous ne deviez pas chércher
à vous mettre dans l'impoffibilité de
céder un jour aux juftes demandes du
Tiers , ni concevoir l'efpérance, inju-
rieufe pour lui , de le fubjuguer par un
femblable moyen.

IV. Ce que je blâme en quatrieme lieu
dans votre ferment, Méffieurs , eft cette
diftribution injufte de l'honneur & du
déshonneur que vous vous êtes arrogé
le droit de faire.   B 4

Le mot d'honneur a divers sens, parmi lesquels je ne rapporterai que ceux qui ont quelque analogie avec le sujet que je traite. Il signifie la probité, la vertu, & c'est en ce sens qu'on dit un homme d'honneur, & il signifie l'estime publique, la considération, la réputation, la gloire qui suivent la vertu. C'est en ce sens qu'on dit acquérir de l'honneur, engager son honneur, perdre, sauver son honneur.

Le mot déshonneur n'est l'opposé d'honneur qu'en ce dernier sens. Un homme est déshonoré, parce qu'il perd l'estime, la considération, la réputation attachées pour chaque citoyen à la conduite que dictent la probité, la vertu.

Mais, en ce dernier sens même, ce n'est pas un petit mot que celui de déshonneur, & à un tel mot doit répondre une grande chose.

Il n'y a qu'une opinion véritablement publique, qui puisse fonder un véritable déshonneur, & justifier par

conséquent ceux qui prononcent une
peine si terrible. Ceux-ci ne peuvent
être que les énonciateurs de cette opinion publique. Si cette opinion n'étoit
que celle d'un petit nombre de personnes, & qu'elle fût même contrariée par
un beaucoup plus grand nombre, si
elle n'étoit que celle d'un seul ordre
de citoyens désavoués par tous les autres, ou même celui d'une province
combattu par tout le reste du royaume,
on pourroit appeler justement d'une
pareille sentence ; & ni les condamnés,
ni les hommes équitables ne croiroient
à ce prétendu déshonneur.

Si l'on n'admet pas cette regle, on
voit qu'il y aura des hommes tout à la
fois honorés & déshonorés, & par
conséquent qui ne seront ni l'un ni
l'autre. Plaisant honneur, dirai-je,
comme Paschal l'a dit de la justice,
qu'une riviere ou une montagne borne ;
honneur en deçà d'Ingrande, déshonneur au delà.

Mais s'il ne faut reconnoître que l'opinion publique & générale, comme difpenfatrice de l'honneur, l'anathême que vous prononcez contre les Gentils-hommes qui, croyant que la forme de vos Etats eft vicieufe, voudroient qu'elle fût changée, étant regardé comme in-jufte par la plus grande partie des ha-bitans de votre Province, &, ce qu'on peut dire fans héfiter, par tout le refte de la Nation françoife, vous ne par-viendrez pas à infliger cette peine de déshonneur que vous n'avez pas craint de prononcer.

Vous le dirai-je enfin, Meffieurs ? vous ne pouvez pas croire votre hon-neur attaché à l'obfervation d'un fer-ment, qui, quelles qu'aient été vos vues en le proférant, n'eft au fond qu'une fauve - garde de vos intérêts. Votre intérêt, Meffieurs, feroit de te-nir votre ferment, au moins le voyez-vous là : vous montreriez donc votre générofité en le violant : & comment trouveriez-vous le déshonneur à être généreux, à renoncer pour vos compatriotes à des droits, abusifs il est vrai, mais dont vous avez joui jusqu'à ce moment ? & le jour où vous ferez ce noble sacrifice, en vous dégageant des chaînes d'un serment fait pour vous en dispenser, ne sera-t-il pas le jour de votre honneur & de votre gloire ?

V. Enfin, Messieurs, il me reste à prouver que votre serment est nul, c'est-à-dire, qu'il n'est point obligatoire. Je vois d'abord cette nullité établie sur deux raisons.

L'une, que votre serment a été prononcé dans un mouvement de passion & sans assez de délibération.

L'autre, qu'il a pour objet de maintenir une injustice, &, qui plus est, une injustice publique. Or, selon tous les principes de la morale, ces deux circonstances vous dégagent de toute obligation de l'exécuter.

Vraiment, Messieurs, je ne suis point

furpris de lire dans votre procès verbal, que cet étrange ferment a été adopté des Gentilshommes *par acclamation*; il ne pouvoit l'être par délibération & de *réflexion* : mais c'eft précifément cette forme qui accufe la légereté avec laquelle il a été fait. Un des membres de la Nobleffe vous prononce avec véhémence les mots *droits*, *libertés*, *ruine de votre conftitution*, *deftruction de votre Affemblée nationale*, *ferment de vos ancêtres & les vôtres*, *de défendre des biens fi chers jufqu'à la derniere goutte de votre fang*, *dévouement généreux qui eft le plus précieux de vos droits*, *& qu'on ne vous ravira jamais*; & à *l'inftant même tous les Gentilshommes ont fait le ferment*, &c.

Je comprends, Meffieurs, comment on fe laiffe aller à un femblable mouvement. Si j'avois l'honneur d'être Gentilhomme Breton en une circonftance femblable, je ne fais fi je pourrois répondre de moi; mais c'eft précifément

ainsi qu'on prend des résolutions précipitées, & des engagemens dont il est
rare qu'on n'ait pas à se repentir.

Il faut que des hommes publics, il
faut qu'une Assemblée occupée des intérêts d'un Peuple entier, se défende
de ces mouvemens populaires; on ne
lui a confié de si nobles fonctions, que
pour souftraire une Nation aux dangers
où l'exposeroient sans cesse les délibérations toujours tumultuaires d'une commune nombreuse & sans frein, & si
elle s'abandonne elle-même à ces im-
pressions passageres que l'éloquence du
moment & l'empire des circonstances
rendent quelquefois si puissantes, qu'au-
ra-t-on gagné à chercher dans son sein
un abri contre les orages de la démo-
cratie.

Vous pouvez cependant me dire que
ce même ferment vous l'avez renouvelé
ensuite après une délibération solen-
nelle, & que par-là il a perdu le caractere de précipitation qu'on pouvoit lui

attribuer, lorfque vous l'avez émis pour
la premiere fois.

Mais non , Meffieurs, votre délibération poftérieure ne lui a pas fait perdre ce caractere qu'il a pris dans fon
origine. Accoutumés à refpecter votre
parole , comment auriez-vous démenti
peu de jours après un engagement fo-
lennel que vous veniez de prendre à
la face de vos compatriotes ? Les fentimens d'honneur qui vous font fami-
liers , & qui, dans toute autre circonftance , vous guident dans la voie de la
juftice, vous ont égarés dans celle-ci.
Je refpecte le principe de votre obftination en même temps que j'en blâme
les effets; mais je ne vois qu'une feule
faute , & toujours la premiere, dans un
ferment que vous n'avez renouvelé que
parce que vous l'aviez déjà fait.

J'en conclus, Meffieurs , que ce caractere de précipitation dont vous ne
pouvez juftifier votre ferment , eft une

premiere & jufte raifon de ne pas le ré-
garder comme obligatoire.

Mais l'injuftice de ce même engagement nous mene droit à la même conféquence : s'il y a des principes reconnus
en morale, c'eft que, *rei illicitæ nulla
obligatio*, on ne peut jamais contracter
une obligation réelle de commettre une
injuftice, & que, *non debet aliis nocere
quod inter alios actum eft*, les engagemens que vous prenez entre vous, ne
doivent pas nuire à d'autres.

D'après ces maximes, votre ferment
ne peut vous lier, s'il vous conduit à
des injuftices, & à fouler aux pieds les
intérêts d'un tiers.

Or ces effets de votre ferment, mes
Lettres fuivantes en prouveront la réa-
lité.

Je crois, Meffieurs, avoir démontré
que votre ferment eft téméraire, qu'il
porte le caractere d'une blâmable obftination, qu'il eft injurieux envers vos
compatriotes, injufte & inefficace dans

la condamnation qu'il prononce, enfin nul & ne vous liant d'aucune obligation.

Je puis donc n'être plus arrêté dans la difcuffion où je me propofe d'entrer avec vous, par la crainte que les raifons les plus convaincantes ne puffent pas vous ramener à mon avis. Je vais paffer à l'examen des trois pieces que vous avez produites, & dans lefquelles je releverai ce que j'y trouve de plus répréhenfible, en me réduifant aux trois affercions fuivantes.

Vous avez été injuftes envers vos compatriotes, injuftes envers l'Adminiftration, injuftes envers la Nation Françoife.

C'eft ce que je prouverai dans les trois Lettres fuivantes.

Paris, le 3 Février 1759.

SECONDE

SECONDE LETTRE

A la Noblesse de Bretagne.

JE dois d'abord, Messieurs, vous montrer vos injustices envers vos compatriotes les gens du Tiers-Etat.

J'en pourrois compter un grand nombre ; mais je les réduis à deux, l'une relativement au fonds même de la question, l'autre qui tient aux formes dont vous lui reprochez la violation. Je vais les relever l'une & l'autre.

Votre querelle avec le Tiers roule, quant au fonds, sur la constitution de vos Etats. Le Tiers ne s'y trouve pas suffisamment représenté : il veut que ses Députés y assistent en nombre égal à celui des deux autres Ordres réunis, qu'on y vote par têtes, & non par Ordres.

Que le Tiers ait son Président.

C

Que les députations & commiſſions ſoient compoſées des Membres des trois Ordres dans la même proportion que les Etats , &c.

Je dis que la querelle ne roule que ſur cet objet, parce que , quoique le réſultat des délibérations priſes en l'Hô‑ tel de Ville de Rennes par les Dépu‑ tés de beaucoup de Communautés, Com‑ munes , & Corporations , énonce auſſi diverſes demandes relatives à la réparti‑ tion entre les trois Ordres , tant des impôts proprement dits , que des autres charges équivalentes à l'impôt, telles que la corvée , la milice , le logement des gens de guerre , &c. Comme il n'eſt poſſible de faire droit ſur toutes ces demandes que dans les Etats de la Province tout formés & mis en activité, on ne doit regarder comme actuellement agitée , que la queſtion de la conſtitution même des Etats ſous la nouvelle forme que de‑ mande le Tiers.

Or je dis que fur cette queſtion l'oppoſition que vous faites aux demandes du Tiers eſt une véritable injuſtice.

Qui ſont ici les demandeurs, & à qui demandent-ils ?

Ceux qui demandent ſont environ deux millions de Citoyens Bretons ; ceux à qui on demande, & qui refuſent, ſont huit ou dix mille Citoyens appartenant à l'Ordre de la Nobleſſe & du Clergé.

Cela poſé, Meſſieurs, raiſonnons. Vous conſidérez votre Province comme une Nation ; vous lui donnez conſtamment ce nom ; vous lui attribuez des droits, des franchiſes & libertés. Le Peuple Breton forme donc une Nation. Toute Nation a ſans doute le droit de ſe donner à elle-même ſon gouvernement, & de réformer celui qu'elle a, ſi elle le trouve vicieux. Je vous défie encore de nier ce principe, que tous vos écrits, toutes vos démarches établiſſent ou ſuppoſent.

Dans le conflit entre deux millions d'hommes d'une part, & dix ou douze mille de l'autre, où eſt la Nation ? de quel côté la voyez-vous ?

Vous ne direz pas qu'elle conſiſte dans les Nobles & le Clergé, le reſte des Citoyens ne devant être compté pour rien ?

Vous direz peut-être qu'elle conſiſte dans le Tiers-Etat & le Clergé & la Nobleſſe enſemble.

Mais vous ne faites que reculer la difficulté ſans la réſoudre ; car la Nation eſt bien en effet dans les trois Ordres enſemble, lorſqu'ils ſont réunis ; mais quand ils ſont ſéparés comme aujour-d'hui, & que deux millions ſont d'un côté, & dix mille de l'autre, la Nation eſt bien certainement là où ſont les deux millions ; car, après tout, puiſ-qu'elle n'eſt pas la Nobleſſe & le Clergé qu'elle n'eſt pas anéantie, & qu'il faut bien qu'elle ſoit quelque part, elle eſt donc avec les deux millions de Citoyens qui forment le Tiers.

Maintenant votre injuſtice envers le Tiers peut-elle être révoquée en doute, ou diſſimulée ?

Ces deux millions de Citoyens qui vous demandent une nouvelle conſtitution de vos Etats, étant la Nation, & la Nation ayant *le droit* de réformer ſa conſtitution & de s'en donner une nouvelle, il n'y a pas même lieu de votre part à délibérer, à balancer, à douter ; il faut vous ſoumettre, ſous peine de tomber en contradiction avec vous-mêmes, en refuſant de céder à une autorité dont vous reconnoiſſez *les droits*, ſous peine de choquer les principes que dicte le plus ſimple bon ſens, ſous peine de violer, ainſi que vous avez fait, les Lois de la Juſtice.

C'eſt en vain que vous cherchez à vous laver de ce reproche, en avançant que le projet du Tiers de changer la conſtitution de vos Etats, eſt une entrepriſe contre les droits

& la liberté de votre Patrie.

Qu'eſt-ce donc que la Patrie, chez vous comme chez tous les Peuples du monde ? N'eſt-ce pas la collection des Citoyens & les libertés & les droits de la Patrie, la liberté & les droits des Citoyens ; & ces Citoyens qui forment la Patrie, ne ſont pas ſans doute huit ou dix mille individus, mais bien plutôt la maſſe des Habitans ; & ſi dans ce Pays peuplé de deux millions dix mille individus, les droits de ces deux millions ſont à couvert, ce ſeroit un étrange paradoxe que de prétendre que l'atteinte donnée à ce que le petit nombre appelle ſes droits, ſera la deſtruction, la ruine des droits & des libertés de la Patrie.

Cette fauſſe idée, ou plutôt ce faux emploi des mots de Patrie & de Nation, ſe retrouve en vingt endroits de votre procès verbal, comme dans vos autres pieces.

Vous appelez aſſemblée *nationale* de

(39)

la Province, l'Assemblée à laquelle vous
vous obstinez à conserver une forme
que la Nation Françoise tout entiere
réprouve aujourd'hui , excepté vous-
mêmes , & contre laquelle la Nation
Bretonne en particulier éleve de si
fortes réclamations.

Non , Messieurs , votre Assemblée
n'est pas nationale , & c'est précisé-
ment à la rendre telle que le vœu de
tous les bons esprits , que le vœu de
la plus grande partie de vos Concitoyens vous invite. C'est ce vœu qui
réunit aujourd'hui les Communautés
Communes,& Corporations de Bretagne;
c'est ce vœu qui a dicté l'Arrêté plein
de raison & de force , qu'elles ont pris
dans leurs Assemblées de la fin de Décembre 1788 , d'exiger , dès la tenue
prochaine de vos Etats , d'avoir un
nombre de Députés égal à celui des
deux autres Ordres réunis, de n'y voter
& délibérer que par têtes , & non
par Ordres ; d'y avoir son Pré-

fident pris dans fon Ordre , &c.

Et comment , je vous prie , en faifant votre proteftation poftérieurement
à ces délibérations des Communes ,
prifes fous vos yeux , avez vous encore
le courage d'appeler nationale une
forme attaquée , rejetée par la Nation Bretonne ?

Vous croyez affurer ce titre à votre
Affemblée , en difant que vous êtes
convoqués fuivant les formes anciennes
pour affifter aux Etats du Pays & Duché
de Bretagne , aux termes des contrats
paffés entre le Roi & lefdits Etats.

Mais je vous demanderai : Les formes *anciennes* dont vous parlez , de
quelle date font-elles? Il faut répondre
nettement.

S'il eft queftion de fouiller dans
l'Hiftoire pour y chercher les principes de votre conftitution , on vous
embarraffera encore par ce procédé ,
comme en vous faifant entrer dans
la voie du raifonnement.

Je lis dans un Ouvrage fait avec beaucoup d'exactitude & de modération, fous le titre *de Mémoire hiftorique fur les Etats de Bretagne*, que , « fuivant la conftitution *ancienne* du Duché , les Etats n'étoient compofés que des Comtes, Prélats & Barons, ou Grands Vaffaux du Duc ; que les autres Seigneurs, devenus Feudataires ou Vaffaux immédiats, y entrerent ; enfuite que le Peuple ou Tiers-Etat acheta à prix d'argent l'entrée à l'Affemblée des Etats ».

« Que ces Etats n'ont jamais admis un Ordre en corps & par individus ; que cet état de chofes a duré pendant plus de 1100 ans , & tant que la Bretagne a eu fes Ducs ; que vers 1585 , durant les troubles de la Ligue, le Duc de Mercœur , Gouverneur de Bretagne , tentant de fe faire reconnoître Souverain de cette Province , Henri IV ayant convoqué les Etats à Rennes, le Duc de Mercœur convoqua les fiens à Nantes ; qu'ils y admirent chacun

toute la Nobleſſe qui leur étoit attachée, & qu'un traité ayant été fait
entre le Roi & le Duc de Mercœur en
1598, on vit aux Etats aſſemblés
à Rennes un plus grand nombre
de Députés de tous les Ordres, qu'on
n'y en avoit vu depuis long-temps, la
Nobleſſe, attachée ci - devant à l'un
& à l'autre parti, s'étant réunie dans
cette Aſſemblée, & ayant continué de
jouir depuis de l'entrée aux Etats, auxquels elle avoit été appelée dans les
temps de troubles ».

Je lis dans l'Hiſtoire de Bretagne,
par les Bénédictins Dom Maurice &
Dom Taillandier, que « ſous le regne
des derniers Ducs, les Princes du Sang,
les Comtes, les Barons, les Bannerets,
les Bacheliers & les Ecuyers ſont les
ſeules perſonnes nobles qui aſſiſtoient
aux Etats ; qu'avant 1567 il n'y eſt
fait aucune mention de la ſimple Nobleſſe ; qu'on n'y voyoit que les Seigneurs de Fiefs ; que les guerres civiles

qui défolerent le Royaume , donnerent lieu à la fimple Nobleffe d'entrer aux Etats , parce que les Chefs des Partis appelerent à ceux qu'ils convoquoient , tous les Gentilshommes qui leur étoient attachés, indifféremment , &c. ».

Ainfi , la queftion étant réduite à une recherche d'érudition , vous n'y trouverez pas mieux votre compte ; & fi vous prétendiez que les réfultats que je viens de vous offrir font difputables : à la bonne heure , vous dirai-je , mais les vôtres le font auffi ; & dans cette oppofition , quel avantage pouvez-vous tirer de ces differtations hiftoriques ?

Mais il y a plus , & je vais vous faire beau jeu. Arrangez l'Hiftoire de Bretagne à votre plaifir ; trouvez-y, depuis Charlemagne , fi vous voulez , vos Etats conftitués précifément comme ils le font aujourd'hui ; renforcez comme il vous plaira les claufes des contrats paffés par la Reine Anne , & fuppofezles renouvelés & jurés cent fois, vous n'en ferez pas plus avancés d'un pas vers le but auquel vous voulez arriver, & voici l'obftacle invincible qui vous arrêtera toujours.

« L'Hiftoire & les contrats n'ont rien à faire ici, & vous n'en pouvez pas tirer le moindre parti.

Que vous les faffiez valoir contre le Gouvernement François, lorfque vous croyez, juftement ou injuftement, qu'il cherche à vous opprimer, à la bonne heure ; mais quel ufage pouvez-vous en faire contre vos compatriotes, contre votre propre Nation voulant changer cette même conftitution ? Le contrat de la Ducheffe Anne peut bien lier la Monarchie Françoife envers la Bretagne & réciproquement ; mais il ne peut lier la Bretagne envers elle-même.

Vous pouvez bien dire au Roi : Sire, vous n'êtes pas en droit de changer notre conftitution, puifque c'eft à la condition que vous ne la changeriez

(45)

pas que la Bretagne a été réunie à
votre Couronne ; mais si vous disiez
à la masse de la Nation Bretonne :
Vous n'êtes pas en droit de réformer
vous-même votre constitution , parce
que la Reine Anne a stipulé dans son
contrat que les Rois de France ne la
changeroient pas malgré vous ; on ne
daigneroit pas réfuter une semblable
raison.

Considérez , je vous prie , la diffé-
rence des circonstances. Lorsque la Du-
chesse Anne , époufant Louis XII , a
confenti à l'union de la Bretagne à
la Couronne de France , la Nation Bretonne elle-même a été cenfée fe donner
au Royaume & s'unir à nous ; car un
Souverain ne donne pas ou ne vend
pas un Peuple, comme un Berger fon
troupeau. C'est donc la Nation Bretonne qui a stipulé elle-même. Or elle
a stipulé que le Monarque François ne
changeroit pas fa constitution malgré
elle ; mais elle ne s'est pas engagée à

(46)

ne pas la changer elle-même. On ne peut donc pas lui oppofer fa ftipulation, pour lui ôter le droit de faire ce changement. J'ai honte de m'arrêter à prouver des vérités fi claires, que vous femblez pourtant avoir méconnues.

Parlons maintenant de votre injuftice relativement aux formes dont vous reprochez au Tiers la violation. Vous vous plaignez de fon refus d'accéder au renouvellement des pouvoirs de la Commiffion intermédiaire, & à la création d'une Commiffion pour la chiffrature (1); vous commencez par trouver dans ce refus *le projet d'anéantir la conftitution.*

Mais, Meffieurs, réformer n'eft pas anéantir, & en préfentant le projet

---

(1) On appelle chiffrature le travail de deux Commiffaires nommés par les Etats pour chiffrer & parapher par premiere & derniere pages les regiftres des délibérations des Etats, que doivent figner les trois Préfidens.

du Tiers ſous le nom qui lui convient, il n'offre pas de quoi alarmer vos Concitoyens.

Vous reprochez enſuite au Tiers de vouloir, par ce refus, *faire contre la juſtice la loi aux deux autres Ordres :* mais vous *dites,* & vous ne *prouvez* point ; & il n'eſt pas difficile de juſtifier le Tiers de cette imputation. Le Tiers ſe trouve mal repréſenté dans vos Etats. Il a des demande à former à ce ſujet. Vos Etats s'aſſemblent ſous cette ancienne forme que vous prétendez maintenir. Le Roi demande qu'on regle d'abord une partie de l'impoſition de la Province, néceſſaire aux beſoins publics ; le Tiers y conſent avec les deux autres Ordres. Cela fait, le Tiers demande à être entendu. Pour éluder ſes demandes, vous lui propoſez, & de renouveler les pouvoirs de la Commiſſion intermédiaire, & d'en créer une autre pour les opérations de l'Aſſemblée, &c ; il vous répond avec fermeté : nous délibérerons fur tous ces points, après que nous aurons été entendus dans les Etats.

Dans tout cela , il eft impoſſible de voir autre chofe que l'emploi du feul moyen de défenfe qui refte au Tiers-Etat; il n'y a point là de projet de faire la loi aux deux autres Ordres, mais feulement celui de ne pas continuer de recevoir la loi dure , oppreffive , fous laquelle le tiennent les deux premiers Ordres, en conféquence de l'infuffifance & de l'imperfection de fa repréfentation.

Je regarde comme une fuite de cette même injuftice la prétention que vous avez annoncée de continuer d'agir en Etats affemblés , tant pour faire continuer la Commiffion intermédiaire, que pour faire nommer des Commiffaires à la chiffrature , après le refus du Tiers de concourir à ces deux opérations fans avoir été entendu.

Ce pouvoir que vous vous arrogez,
vous

vous prétendez le juftifier par le réglement des Etats, « qui prefcrit que,
» lorfqu'à la pluralité des Ordres il
» aura été arrêté de former une Com-
» miffion, les trois Ordres feront tenus
» de nommer des Commiffaires, nonobf-
» tant la réclamation d'un des Ordres
» contre ce qui aura été arrêté à la
» pluralité.

    » A quoi vous ajoutez, que, felon
» les réglemens des Etats, il y a des
» délibérations qui exigent l'avis des
» trois Ordres pour être confommées,
» & des délibérations moins impor-
» tantes, qui fe décident à la plu-
» ralité des deux Ordres contre le vœu
» du troifieme, celui-ci gardant la li-
» berté de demander acte de fon avis ».

Au moins, Meffieurs, vous ne nous
donnerez pas ce réglement comme con-
facré par une haute antiquité ; car il
y a à peine deux ans qu'il eft émané
du Confeil, dans un Arrêt du 8 Décembre 1786 ; & fi vous daignez

D

vous reporter à cette époque d'une administration que vous avez vous-mêmes blâmée avec tant de véhémence, vous ne regarderez pas la difposition que vous faites valoir ici, comme devant être d'une bien grande autorité contre le Tiers, ou du moins comme ne pouvant devenir elle-même le fujet d'une jufte réclamation.

Vous prenez, Meffieurs, la lettre de la loi, parce qu'elle femble vous être favorable, & vous en abandonnez le véritable efprit, qui vous eft contraire.

Il eft évident que dans cette difpofition du réglement on n'a prévu que les cas ordinaires, & point du tout celui dans lequel les trois Ordres fe trouvent aujourd'hui.

Dans le cours ordinaire des chofes, fi pour difcuter une queftion, fuivre un travail, former une demande de la Province, &c., l'un des Ordres fe refufoit à nommer une commiffion, il faut bien

que la pluralité des Ordres l'emporte ,
parce qu'après tout il faut que la queftion foit difcutée , que le travail fe
faffe , &c.

Mais fe fervir de cette claufe d'un
réglement qui détermine les ufages des
Etats dans les circonftances ordinaires ,
pour refufer au Tiers de l'entendre ,
lorfqu'il apporte aux Etats des demandes auxquelles il croit devoir exiger
une réponfe prompte , des demandes qui
tendent à réformer des abus dans la
conftitution même de cette Affemblée ,
à laquelle il s'adreffe , & peut-être dans
ces mêmes réglemens qu'on lui oppofe ,
c'eft faire injuftement prévaloir la forme
fur le fonds ; c'eft employer fans générofité contre fon ennemi, des armes dont
il vous contefte l'ufage , parce qu'elles
font inégales ; c'eft , comme dans une
difpute de raifonnement , une maniere
de fuppofer ce qui eft en queftion.

Vous mettez votre confiance dans
cette diftinction *des délibérations im-*

(52)

portantes qui exigent l'unanimité, &
moins importantes qui ne l'exigent pas.
Et comment nous prouverez - vous
que la délibération à laquelle se refuse
le Tiers est de ces dernieres ?

Mais que celle-là soit importante ou -
non, il est très-*important* au Tiers de
ne pas laisser subsister plus long-temps
l'oppression sous laquelle il gémit ; il
faut qu'elle cesse avant la tenue & même
avant la convocation des Etats Généraux. Il veut vous exposer ses griefs ;
vous voulez continuer de procéder selon ces mêmes formes dont il se plaint,
avant d'entendre les raisons qu'il a de
s'en plaindre. On ne retrouve point là
la franchise qu'on attend naturellement
de vous.

Après ces injustices envers le Tiers,
c'est sans doute bien vainement que vous
alléguez la protection constante que vous
lui avez, dites - vous, accordée ; car
avant la *protection* & avec la *protection*,
il a droit de réclamer la *justice*. Mais

(55)

il est bon de voir les preuves que vous
donnez de cette protection.

Vous dites d'abord que lorsque le Roi
a vendu les Offices de Maire, auxquels
est attaché le droit de représentation du
Tiers aux Etats, les Ordres de l'Eglise
& de la Noblesse ont rédigé *des Mémoires*, & firent *des démarches*, & *
s'éleverent avec force*, contre l'arrêt
du Conseil.

Mais, Messieurs, comment pouvez-
vous appeler *protection*, des *Mémoires*
& des *démarches* restées stériles ?

Vous convenez que cette création
d'offices mettoit dans les Etats, des Députés *qui n'avoient pas le caractere que
la raison exige*, *un choix libre de la
part de ceux qui sont représentés*. Toute
imparfaite qu'étoit avant cette époque
la représentation du Tiers, elle deve-
noit par-là bien plus imparfaite encore ;
elle altéroit bien fortement sans doute
la constitution de vos Etats, & cette
constitution, moins imparfaite que celle

que vous nous donnez comme une bafe
affurée du bonheur des peuples , vous
n'avez rien fait pour la foutenir que des
démarches & des Mémoires , & vous
avez laiffé détruire encore, dans ce petit nombre de Députés laiffés au Tiers,
le caractere que la raifon exige pour
qu'ils foient de vrais repréfentans. Où
étoit donc ce grand zèle pour votre
conftitution & vos fermens de la défendre? Croyez-vous donc qu'elle n'importe au bonheur des Peuples que par
la repréfentation des deux premiers Ordres, & que celle du Tiers y foit indif-
férente, ou plutôt ne montreriez-vous
d'intérêt véritable & énergiquement
actif, qu'à défendre votre conftitution
dans les difpofitions qui font favora-
bles à vos priviléges, en l'abandonnant
aux tentatives de l'autorité, toutes les
fois qu'elle n'attaque que les droits du
Tiers?

J'admire encore deux autres exemples que vous apportez de votre dé-

vœuement sincere aux intérêts du Peuple. Qu'on se rappelle , dites-vous, que pour soulager le Peuple de la surcharge de la capitation , causée par l'établissement des 4 sous pour livre , le Clergé & la Noblesse ont demandé que cette taxe fût convertie en un impôt sur les consommations ; & qu'on se rappelle encore , ajoutez-vous, que c'est du sein du Clergé & de la Noblesse que sont sortis , dans la derniere tenue, les Ecrits qui préparerent les moyens d'éteindre la corvée pour le soulagement des campagnes.

Eh quoi ! Messieurs , vous nous donnez comme des marques de dévouement généreux, des actes de justice rigoureuse, & encore des *Mémoires* & des *Ecrits* ! Est-ce à des *Ecrits* que vous vous bornez aujourd'hui pour défendre vos prétentions & combattre les droits que réclame le Peuple. Quel mérite pouvez-vous donc vous faire de ces Ecrits si tardifs qui ne sont que le foible écho de l'Edit mémorable de 1776 contre les Corvées, auquel vous-mêmes & votre Parlement avez alors réfusé d'obéir ?

Enfin dans votre déclaration du 10 Janvier, vous annoncez au Peuple, *qu'on veut*, dites-vous, *tromper*, « que » fes intérêts vous ont toujours été » chers, & que s'ils font léfés dans la » répartition des impôts, il eft dans » votre cœur de les difcuter avec la fa- » geffe, la juftice, & le défintéreffement » qui font la bafe des fentimens qui vous » font propres ; & qu'enfin fi cette dif- » cuffion n'a pas encore eu lieu, c'eft la » faute de l'Ordre du Tiers ».

D'abord, Meffieurs, que voulez-vous que penfe le Tiers du doute que vous énoncez dans ces paroles, *fi fes intérêts font léfés*. Cette léfion, vous l'ignorez donc, ou vous la conteftez encore ? Et vous dites que les intérêts du Tiers vous ont toujours été chers !

On veut, dites - vous, *tromper le Peuple.*

Ne deviez-vous pas indiquer au Peuple qui font ces gens qui veulent le tromper ? vous lui rendriez en cela un véritable fervice : après les avoir connus, il examineroit leur conduite de plus près. S'il voyoit en eux des hommes qui cherchent à s'affranchir des charges qui devroient être communes, à conferver des priviléges funeftes à ceux qui n'en jouiffent pas, à fe réferver exclufivement des diftinctions qui devroient être l'objet de l'émulation de tous les Citoyens, &c., & qui lui diroient en même temps, que *tout Citoyen Breton doit défendre au prix de fon fang la conftitution* qui maintient de femblables abus, que la Patrie eft en danger, qu'on veut l'affervir, l'opprimer *par d'odieufes manœuvres*, &c. : voilà, diroit-il, les hommes qui nous trompent peut-être fans le vouloir, mais contre lefquels nous devons armer tout notre courage & toute notre vigilance.

Je reviens à vous, Meffieurs. Vous parlez au Peuple de *difcuter fes intérêts avec juftice & défintéreffement* : que veulent dire ces paroles? Confidérez qu'en lui faifant cette promeffe, vous vous féparez de lui. Vous vous faites donc fes juges ; & de quel droit ? Telle eft la force de l'habitude, que vous vous regardez dans votre chambre comme difcutant entre vous les intérêts du Peuple, pour favoir s'il faut ou non lui accorder fes plus juftes demandes.

Mais ce n'eft plus de cela qu'il s'agit aujourd'hui : il faut à la Bretagne une Affemblée vraiment nationale, au Tiers-Etat une repréfentation égale à celle des deux Ordres réunis, enfin une délibération commune & par têtes, au moins fur tous les objets relatifs, foit directement foit indirectement, à l'impofition. Or dans une Affemblée pareille, vous n'êtes plus juges du Tiers ; vous n'êtes que fes collegues ; il n'y a plus lieu à cette juftice, à ce défintéreffement *qui font la bafe des fentimens qui vous font propres.* Il ne faut plus que des raifons & des calculs.

Enfin vous ajoutez , que *fi cette dif-cuffion n'a pas encore eu lieu, l'Ordre du Tiers y a feul mis obftacle.*

Mais, Meffieurs, cette affertion eft véritablement inintelligible pour ceux qui font inftruits des faits.

Après la conceffion du don gratuit, befogne preffée pour le fervice du Roi, le Tiers a demandé à être entendu pour entamer cette même difcuffion, à laquelle vous prétendez qu'il a feul mis obftacle. Vous avez voulu qu'avant de l'entendre, il renouvelât les pouvoirs de la Commiffion intermédiaire, & qu'il procédât à nommer des Commiffaires pour la chiffrature. Il vous a toujours dit : Commencez par m'entendre ; nouveau refus de votre part. C'eft donc vous qui avez éloigné la difcuffion , puifqu'il eft trop clair que celui qui la demande, n'eft pas celui qui l'éloigne, & que c'eft précifément celui qui la re-fufe.

(60)

Telles sont, Messieurs, quelques-
unes de vos injustices envers le Tiers :
je suis bien éloigné de croire qu'elles
soient réfléchies ; elles vous ont été
dictées par d'anciennes habitudes, par
d'anciens préjugés ; vous les désa-
vouerez vous-mêmes lorsque le temps
& la réflexion auront calmé des deux
côtés cette agitation qui peut égarer
les intentions les plus droites. Je ferai
bien heureux si mes observations peuvent hâter ce moment.

Le 6 Février 1789.

TROISIEME LETTRE

A la Noblesse de Bretagne.

JE passe, Messieurs, à la seconde injustice que je vous reproche, celle que vous montrez envers l'Administration.

Cette injustice a chez vous deux prétextes; l'un est l'Arrêt du 3 Janvier, qui a prorogé vos Etats jusqu'au 3 Février; l'autre est le résultat du Conseil, où, dans l'annonce des Etats Généraux, vous trouvez qu'on veut donner atteinte aux privilèges & à la constitution de votre Province, en changeant la forme de vos Etats Provinciaux; & à la constitution du Royaume, en changeant celle des Etats Généraux. Je vais faire voir la frivolité de ces deux prétextes.

J'entends d'ici, Messieurs, de ces hommes qui se disent, & qui font peut-

A

être de fort bons Citoyens, me juger & me condamner d'avance sur cette simple annonce d'une défense de l'Administration; ils ont mis leur patriotisme à blâmer tout, à se défier de tout. Les omissions les plus innocentes sont à leurs yeux des combinaisons profondes; la moindre obscurité dans des dispositions leur semble autoriser les interprétations les plus sinistres; les intentions les plus droites leur paroissent ambiguës : dans leur esprit, la prudence a fait place à la crainte, & la précaution sage à la défiance ombrageuse. Qu'ils me jugent moi - même d'après ces dispositions ; qu'ils prononcent que je suis un Ecrivain corrompu, que ma plume est vénale, je les laisse dire ; mais je n'en prendrai pas moins la défense d'une Administration qui me paroît n'avoir d'autre but que le bonheur public.

Le Procureur Syndic, attaquant la suspension des Etats, ordonnée par

l'Arrêt du 3 Janvier, invoque les contrats de la Bretagne avec nos Rois,
& en cite, entre autres, les clauses
suivantes :

*S'il avenoit que de bonnes raisons, il
y eût cause de faire mutation en augmen-
tant, diminuant, ou interprétant les
droits, coûtumes, constitutions, ou éta-
blissemens, que ce soit par le Parlement &
Assemblée des Etats dudit pays.* (Contrat
de mariage de Louis XII avec Anne
de Bretagne).

Le contrat d'union, passé à Vannes,
entre François Ier & les Etats de la
Province, confirme, ajoute-t-il, les précédentes dispositions.

Enfin on lit dans le contrat renouvelé à toutes les assises, qu'*aucuns édits,
déclarations, commissions, & arrêts du
Conseil n'auront aucun effet, s'ils n'ont
été consentis par les Etats.*

Sur ces textes il raisonne ainsi :

« Le consentement des Etats étant,
dit-il, stipulé pour légitimer, en Bre-

tagne, les ordres du Souverain, ces
ordres doivent être regardés comme
surpris, non seulement lorsqu'au mépris
de cette condition ils introduisent des
changemens, réformes, ou suppressions
dans le régime des Etats, mais encore
lorsqu'ils arrêtent nos travaux, suspen-
dent le cours de nos délibérations, &
séparent notre Assemblée avant même que
l'on ait rien statué sur les grands objets
que nous devons traiter..... Un tel ordre
compromet l'existence politique de la
Nation, & porte atteinte aux contrats
& stipulations qui garantissent à jamais
le droit public de cette Province ».

On a pu blâmer souvent, Messieurs,
l'intervention de l'autorité dans l'administration de vos Etats ; mais il me
semble qu'au moment actuel vos plain-
tes contre elle sont bien injustes.

Lorsque le Procureur Syndic établit
que la suspension des Etats, ordonnée
par l'arrêt du 3, est une violation du
contrat de la Province, il se dissimule

(5)

entièrement la circonstance dans laquelle cet arrêt a été rendu. Que dans
un état ordinaire de choses les trois
Ordres procédant à leur manière accou-
tumée sur une question particulière,
qui, par les réglemens, peut se décider
à la pluralité des Ordres ; que dans un
état semblable, dis-je, une suspension
des Etats soit regardée comme une
atteinte aux droits de la Province, à
la bonne heure ; en ce cas, l'autorité
royale s'en prend véritablement aux
Etats assemblés ; elle attente à leur
liberté ; elle les dissipe, ou du moins
elle les réduit à une inaction qui vient
d'elle-même, qui est son propre ouvrage.

Mais si cette suspension vient frapper
une Assemblée d'Etats qui a cessé de
faire corps, qui est réduite, par son
propre fait, à une inaction nécessaire
& interminable par elle-même ; si une
partie constitutive des Etats dit que les
Etats sont mal constitués ; si le Roi,

pour donner aux esprits le temps de
s'éclairer, de se calmer, de se conci-
lier, suspend les opérations de cette
Assemblée : donner cet acte de sagesse
comme une violation du contrat, c'est
une fausse & dangereuse maniere de
présenter la chose.

Votre Procureur Syndic semble avoir
prévu qu'on lui opposeroit une considération si raisonnable, & il est bon de
voir qu'il ne se défend sur ce point
que par des propositions vagues &
étrangeres à la question. « On prétexte
en vain, dit-il, que la suspension de
nos travaux n'est que momentanée ; la
liberté, la sagesse qui doivent présider
aux arrêtés des Etats & en être l'ame,
ne sont point incompatibles avec les
lenteurs que peut entraîner quelquefois
la maturité des délibérations ; & ces
délais, qui dans plusieurs occasions
ont été avantageux au maintien de la
constitution, ne peuvent jamais être de
nature à la compromettre ».

Cette réponse est véritablement inintelligible.

Que veut dire cette proposition, *la sagesse n'est point incompatible avec la lenteur que peut entraîner la maturité;* & que fait cela à la suspension des Etats? On les suspend parce qu'ils ne font rien, & qu'arrêtés par la division des Ordres, ils ne peuvent plus rien faire; & cette suspension n'est que momentanée & relative à des circonstances qui peuvent cesser. Quel bien peuvent-ils faire en restant assemblés? Comment peut - on appeler cette entiere inaction *lenteur & maturité*, & que peut-on en tirer de sage? Si les délais, la lenteur peuvent être utiles, ce sont les délais & la lenteur qu'apporte l'arrêt du Conseil.

Le Roi, en renvoyant les membres du Tiers chez eux pour obtenir de nouveaux pouvoirs de leurs commettans, a pris la mesure la plus conciliatoire, puisque, d'après leurs pouvoirs actuels, les Etats ne peuvent plus agir.

Mais il y a bien une autre considération qui n'a pas pu vous échapper, &
qu'il n'est pas juste de dissimuler.

L'agitation de toute une Province,
la crainte trop fondée d'une insurrection
du Tiers, crainte qui s'est si malheu-
reusement réalisée depuis, étoient sans
doute des motifs bien suffisans pour
l'Administration d'ordonner cette suf-
pension de vos Etats. Si, comme le
Tiers, vous eussiez obtempéré à cet
arrêt du Conseil, les scènes désastreuses
qui ont fait gémir tous les bons Citoyens, n'auroient pas eu lieu. Mais au
lieu d'adopter avec empressement ce
moyen de rétablir le calme, votre
résolution de ne pas désemparer, en
annonçant au Peuple, d'une maniere
plus sensible, ce que vous appelez si
faussement votre fermeté à soutenir les
droits de la patrie, & ce qui ne paroît
à vos Concitoyens du Tiers qu'une obs-
tination à conserver une forme d'Etats
vicieuse & des privilèges opppressifs, l'a-

porté de son côté à toutes les extrémités que la sagesse du Gouvernement avoit prévues & qu'elle vouloit éviter, & dont vous devez partager le blâme, puisque vous les avez provoquées.

Que voulez - vous que pensent les bons Citoyens, pour qui la droiture des intentions du Roi & de son Ministère n'est pas équivoque, lorsqu'ils vous voient semer dans votre Province une injuste défiance des mesures du Gouvernement, & vous servir pour cela de moyens que votre générosité devoit vous interdire ?

Je sais, Messieurs, que vous ne pouvez pas répondre de tout ce qui se dit dans vos Assemblées, où la chaleur des discussions peut emporter un particulier à énoncer des opinions qui peuvent n'être pas celles de ses collegues.

Cependant dans cette circonstance, en comparant les délibérations que vous avez tous signées, avec toute la teneur du procès verbal de vos séances, je crois voir avec évidence que rien de ce qu'on y a dit ne vous a paru exagéré, & que ceux qui ont parlé le plus vivement, n'ont fait qu'énoncer les véritables sentimens de tous.

Après cette observation, permettez-moi de rappeler le discours d'un de vos collégues, qui se trouve page 22 de votre procès verbal.

« J'ai remarqué, dit-il, dans l'arrêt du Conseil, un article qui doit inspirer les plus vives inquiétudes. Le Roi y déclare que les impôts ne seront demandés à la Bretagne que pour un an, tandis que les Etats sont dans l'usage de les consentir pour deux années ; ce changement prépare évidemment une surcharge d'impôts........ On connoît d'ailleurs au Ministre la volonté d'étendre sur la Bretagne l'impôt désastreux dont elle est exempte (la gabelle); projet funeste qu'il est à craindre qu'on ne veuille réaliser dès l'année prochaine; danger qui menace la Province entiere, qui doit ſe réunir aux deux premiers Ordres pour défendre le peuple ».

Mais, je vous le demande, Meſſieurs; aujourd'hui que le temps a pu vous refroidir, ces paroles ſont-elles modérées ? ces ſentimens ſont-ils raiſonnables ? ces ſoupçons injurieux ont-ils un fondement que puiſſe reconnoître un homme juſte dans les intentions du Miniſtre en qui la Nation a placé une confiance ſi bien méritée ?

D'abord le Roi n'a point *déclaré que les impôts ne ſeront demandés à la Bretagne que pour un an*. Il a *autoriſé les trois Ordres à ne conſentir que pour le terme d'une année les demandes qui leur ſeront faites en ſon nom ;* de ſorte que, par les termes de l'arrêt, il reſte toujours aux trois Ordres le pouvoir d'accorder les demandes du Roi pour deux ans. Premiere infidélité dans l'expoſé de votre Orateur.

En ſecond lieu, ſur quel motif

avance-t-il que cette autorisation à
consentir pour une seule année *prépare
évidemment une surcharge pour la Province?* Elle ne prépare rien, puisque
l'impôt consenti pour cette année peut
être encore le même pour l'année d'après,
si *les circonstances* le permettent; & si
elles ne le permettent pas, ce n'est plus
l'arrêt, ce sont *les circonstances qui
préparent* la surcharge qu'on suppose-
roit nécessaire.

Mais ce qui est plus répréhensible
encore, c'est cette conjecture commu-
niquée au Peuple sur les opinions parti-
culieres du Ministre & sur leurs effets.
Le Discoureur, sachant que le mot
gabelle est un cri de guerre en Bretagne,
s'en sert pour exciter le mouvement
public. Il annonce un danger *qui menace
la Province entiere,* il conjure le Tiers
de se réunir aux deux autres Ordres
*pour défendre le Peuple, & de se préparer
par cette union à repousser les maux
dont la Bretagne est menacée.*

(13)

Permettez que je vous le dife, Meffieurs ; dans les guerres les plus cruelles,
il y a des armes dont les ennemis les
plus acharnés s'interdifent l'ufage ; on
n'empoifonne pas les fontaines , & les
Sauvages de l'Amazone n'employent
qu'à la chaffe ces fleches redoutables
qui ne peuvent frapper fans donner la
mort.

Il me femble que vous vous éloi-
gnez étrangement de cet exemple ,
lorfque vous jetez parmi le Peuple ce
cri de Gabelle , qui n'a jamais manqué
de l'exciter contre le Gouvernement.
Il n'y a point de générofité à combattre
les projets d'un Miniftre à qui vous
feuls ofez prêter des vues finiftres , par
des mouvemens populaires contre un
impôt dont il n'eft pas du tout queftion.

La Gabelle n'a certainement rien à
faire avec la conteftation actuelle. Le
Peuple veut avoir une plus jufte repréfentation dans les Etats de la Province,
& vous lui annoncez que le Miniftre a

(14)

le projet de le foumettre à la Gabelle :
quelle liaifon y a-t-il entre ces deux
chofes, & pourquoi, s'il obtient d'être
juftement repréfenté dans vos Etats,
courra-t-il plus de rifque d'être oppri-
mé par un impôt défaftreux ?

Non contens de faire un crime
à l'Adminiftration des fages difpofitions qu'elle a faites pour calmer vos
troubles particuliers, vous l'attaquez
encore avec violence fur les opérations
par lefquelles elle prépare la reftaura-
tion nationale dans la convocation des
Etats Généraux.

« Vous avez confidéré, dites-vous,
que la décifion du Confeil, du 27 décembre, contre laquelle vous proteftez,
eft une furprife faite à la religon de Sa
Majefté, &c. »

Quittez, Meffieurs, ce langage,
parce qu'il eft fans vérité. Vous n'ignorez pas que cette décifion n'eft pas
un arrêt furpris à l'autorité, mais un
véritable réfultat d'une délibération
réelle, faite & reprife à plufieurs fois

dans le Conseil du Roi. Dites donc tout simplement que vous refusez de vous soumettre aux dispositions énoncées par le Roi, & délibérées mûrement dans son Conseil.

Mais qu'importe, après tout, le jugement que vous portez des intentions & de la marche de l'homme en place? Il est question pour nous du fonds; il s'agit de la chose, & non de l'homme.

Je lis, page 24 de votre procès verbal, que *la conduite du Tiers-Etat de Bretagne paroît liée au projet de changer la constitution ancienne de vos Etats Provinciaux & celle des Etats Généraux;* ce qui veut dire, si je vous entends bien, que votre Tiers-Etat a été conduit & excité par les auteurs de ces projets de changement, & *par une administration qui cherche à s'élever, par d'odieuses manœuvres, sur les ruines de notre ancienne constitution, & sur celle de la Monarchie.*

Ces imputations sont aussi injustes qu'injurieuses.

La conduite du Tiers n'est liée à aucun projet qui lui foit étranger, & qui lui foit venu d'ailleurs. Il n'a eu nul befoin qu'on lui fuggérât le projet de réformer des Etats Provinciaux dans lefquels il eft fi mal repréfenté. Il veut en avoir qui foient organifés d'une maniere plus raifonnable & plus jufte, & dans l'efpoir, fans doute un peu légèrement conçu, de vous y faire confentir vous-mêmes, en vous expofant la juftice de fes demandes : après avoir accordé le don gratuit plus prochainement néceffaire au fervice du Roi & de la Province, il a refufé de concourir à aucune opération des Etats avant d'avoir été entendu. Quoi de plus fimple & de plus naturel que cette marche ? Pourquoi fuppofer qu'elle a été fuggérée à des gens qui ont un fi grand intérêt à l'imaginer eux-mêmes & à la foutenir ? Voilà pour ce qui regarde le changement défiré par le Tiers-Etat dans la forme de vos Etats Provinciaux, fur laquelle il ne paroît

pas

pas que l'Adminiſtration ait encore aucun parti pris.

Quant aux Etats - Généraux & à
l'imputation que vous faites d'*odieuſes
manœuvres* , pour ruiner notre ancienne conſtitution & la Monarchie, je
vous laiſſe à qualifier, Meſſieurs, une
accuſation pareille, deſtituée de toutes
preuves, & vous n'en apportez aucune.

Cette accuſation manque d'ailleurs
abſolument de vraiſemblance. Eſt - il
donc beſoin de manœuvres pour per-
ſuader au Peuple françois qu'il peut &
doit avoir, dans l'Aſſemblée générale
de la Nation, des Repréſentans librement choiſis, en nombre égal avec
ceux des autres Ordres réunis. C'eſt
tout ce qu'a réglé le Réſultat du Conſeil. Il ne faut pas travailler beaucoup
ſur l'eſprit du Peuple, pour lui faire
déſirer de recouvrer de ſi légitimes
droits , & il s'en aviſe bien tout
ſeul.

Vous prêtez encore au Réſultat du

Confeil & au Rapport qui l'accom-
-pagne , des difpofitions qui ne s'y
trouvent pas. Vous prétendez que , fur
la délibération par Ordre, le Miniftre *ofe oppofer fon opinion aux formes
confacrées par la Nation dans fes précédentes Affemblées , & à l'avis des
Princes & Notables.*

Mais il n'eft pas vrai que dans le
Réfultat du Confeil on ait énoncé
aucune opinion fur la forme de délibérer, loin qu'on y ait combattu l'avis
des Princes & Notables fur ce fujet.

A la vérité, le Miniftre n'a pas
décidé abfolument & nettement en fa-
veur de votre opinion ; mais ce n'eft
pas là de quoi vous juftifier de dire
qu'il a furpris le Roi , pour lui faire
adopter l'opinion contraire ; affertion
manifeftement démentie par le texte
même du Réfultat.

Pourquoi diffimulez-vous auffi que
l'avis des Princes & des Notables
n'ayant pas été unanime, & la pluralité
dans le Bureau de Monfieur, & Mon-

fieur lui-même ayant admis l'égalité de repréfentation & la délibération par tête, cette derniere opinion ne peut pas être regardée comme contraire & oppofée *à celle des Princes & Notables ?*

Ces Princes & Notables eux-mêmes n'ont donné que leur avis ; ils n'étoient pas Légiflateurs. Un avis fur une matiere publique ne peut jamais être fi impofant qu'on ne puiffe en avoir un contraire. Moi-même je combats bien & l'avis des Princes & le vôtre, & croyez-vous que je m'en faffe le plus léger fcrupule ?

Vous reprochez enfin au Rapport *jufqu'aux incertitudes* qu'on y laiffe fur la maniere de délibérer.

Il faut convenir que vous êtes bien ombrageux, fi cette réferve même fuffit pour exciter de votre part des réclamations fi vives & fi précipitées.

Si le Roi, en réglant par le Réfultat de fon Confeil que le Tiers-Etat auroit une repréfentation égale à celle

des deux autres Ordres réunis, eût
déterminé en même temps, ce qui
étoit affez naturel, & peut-être lié avec
la premiere décifion, que les voix feroient prifes par tête & non par Ordre, votre réclamation s'entendroit
plus aifément.

Mais tandis que beaucoup de Citoyens zélés pour le bien public vont
jufqu'à blâmer la modération & la réferve que le Miniftre montre dans fon
Rapport fur ce point délicat; tandis
qu'ils fe plaignent de voir cette queftion préfentée comme ne pouvant être
décidée que par les Ordres eux-mêmes,
& par les *Ordres diftincts*, vous l'accu-
fez, vous, Meffieurs, en fens contraire,
& en cela vous méconnoiffez le vrai fens
de fes expreffions. Vous êtes donc
injuftes envers l'Adminiftration, & c'eft
le fecond reproche que j'avois à vous
faire. Le troifieme fera établi dans la
fuivante & derniere Lettre.

Ce 9 Février.

QUATRIEME LETTRE

A la Nobleſſe de Bretagne.

Il me reſte à vous prouver, Meſſieurs, votre injuſtice envers la Nation Françoiſe, dont je trouve des traits marqués dans votre procès verbal, dans votre proteſtation, & dans votre déclaration.

Non contens de vous refuſer à la réforme de votre conſtitution particuliere, demandée par le Tiers-Etat de votre Province, vous entreprenez auſſi de traverſer, autant qu'il eſt en vous, l'établiſſement d'une conſtitution raiſonnable que la Nation ſe prépare ſous les auſpices d'un Roi juſte & bienfaiſant. Vous attaquez ouvertement la forme des Etats Généraux qu'il annonce, dans les points où ils diffèrent des vôtres; vous élevez un obſtacle capable d'empêcher l'Aſſemblée de la Nation de voir dans ſon ſein les Repréſentans d'une des plus belles Provinces de France;

enfin vous cherchez à rendre incomplette la reſtauration générale, qui fait
l'objet des vœux de tous les bons
Citoyens.

N'eſt - ce pas, en effet, traverſer
l'œuvre du bonheur commun, que de
profcrire, comme vous faites, toute
repréſentation de votre Province dans
l'Aſſemblée générale, qui ne feroit pas
fondée fur une élection faite dans le
fein de vos Etats, en prononçant la
peine du déshonneur contre tout Gentilhomme qui aſſiſteroit à une Aſſemblée
d'Etats Généraux en vertu d'une autre
élection.

La Nation s'aſſemblant en Etats
Généraux, a certainement le droit de
régler l'organiſation de ſon Aſſemblée
de la maniere la plus propre à obtenir
le bien qu'on en attend.

Il faut pour cela que la repréſentation de toutes les Provinces ſoit juſte
& fidèle; de ſorte que, s'il plaiſoit à
une Province du Royaume d'envoyer
une repréſentation fauſſe & incomplette

de Députés qui fuffent en trop petit nombre, ou non librement élus, ou inégalement fournis par les diverfes parties ou Corps de la Province, la Nation ne feroit qu'une chofe jufte en les rejetant, & en exigeant une meilleure & plus fidèle repréfentation.

Si donc le Roi, en convoquant de votre Province des Députés de tous les Ordres, leur ordonne de s'affembler ou par diocèfes, ou par cantons & diftricts quelconques, puifqu'on ne connoît point en Bretagne la divifion par Bailliages ; s'il veut donner ainfi à votre Province une repréfentation femblable à celle des autres parties de fon Royaume, & une repréfentation libre, égale, proportionnelle à l'étendue, à la population, & aux contributions de chaque divifion, de quel droit & par quels motifs, que la raifon & la juftice puiffent avouer, vous oppoferez-vous à fes juftes & bienfaifantes intentions ? Le choix des Députés de votre Ordre aux Etats Généraux pourra être jufte,

puiſqu'il ſe fera par les Nobles eux-
mêmes , aſſemblés individuellement ;
mais les Députés du Clergé ne pourront avoir qu'une miſſion illégitime aux
Etats Généraux, s'ils ne ſont nommés
que par le Clergé de vos Etats , & à
plus forte raiſon les quarante - deux
hommes du Tiers, ſéant aux Etats de
la Province, ne pourront - ils jamais
donner le caractère de Repréſentans du
Tiers à ceux qu'ils enverroient aux
Etats Généraux, puiſqu'eux-mêmes ne
ſont, en aucun ſens & à aucun titre,
les Repréſentans du Tiers même dans
les Etats de Bretagne ?

Ainſi, réſolus de n'avoir jamais qu'une
repréſentation vicieuſe dans vos Etats,
vous voulez que notre Aſſemblée nationale ſoit infectée des mêmes vices,
qu'elle ait auſſi des Provinces non véritablement repréſentées, des Députés ſans
caractère & ſans vrais pouvoirs, & vous
conſacrez une telle injuſtice envers nous,
de la religion du ferment : êtes-vous nos
compatriotes ou nos ennemis?

Il faut opter, Messieurs, entre ces deux partis : votre Province est partie du Royaume de France, ou elle en est séparée & lui est soumise.

Dans le premier cas, il faut qu'elle soit régie par les mêmes lois générales ; il faut que dans une Assemblée nationale ses Députés assistent, en qualité de Représentans de la Bretagne, comme les Députés de toutes les autres Provinces ; il faut qu'ils aient, comme ceux-ci, la même mission, qu'ils soient choisis de la même maniere, pour apporter à l'Assemblée commune le même esprit & les mêmes intérêts, puisqu'après tout il faut bien que les résolutions de l'Assemblée nationale lient les Bretons comme tous les autres sujets du Roi, &c.

Dans le second cas, votre Province n'est plus une Province françoise ; elle est sujette de la France, comme le pays de Vaux appartient à la République de Berne, & vous êtes nos sujets, comme les Gentilshommes de ce pays sont sujets des Bourgeois de cette ville, parce qu'il n'a pas voulu adhérer à la ligue Suisse, & fans doute, Meſſieurs, ce rôle ne vous paroîtra pas digne de vous.

Ce que vous pourriez ſuppoſer pour vous de plus favorable dans cette hypo-thèſe de votre ſéparation, ſeroit de vous regarder comme ſujets de la Cou-ronne & non de la Nation françoiſe; vous ſeriez alors comme l'Electorat d'Hanovre dans les mains de la Maiſon régnante en Angleterre; & en ce cas, ne voyez-vous pas que votre liberté courroit de plus grands dangers de la part de nos Rois, dont vous ſeriez le patrimoine, lorſque vous n'auriez plus pour vous défendre ni la force, ni l'intérêt de la Nation à laquelle vous ſeriez devenus étrangers.

Mais que cette exiſtence pût vous convenir ou non, elle ne conviendroit certainement pas à la Nation françoiſe, & il lui importeroit de ne pas vous la laiſſer long-temps. Un autre Souverain que celui ſous lequel nous avons le bonheur de vivre pourroit fe fervir de vous pour nous opprimer : votre féparation feroit d'un grand danger pour nous, il faudroit que nous la fiffions ceffer, foit par votre union avec nous, foit en vous fubjuguant : il n'y auroit point de milieu ; car vous n'êtes pas ifolés de nous comme l'Electorat d'Hanovre & l'Irlande le font de l'Angleterre. Vous nous touchez de trop près, pour n'être pas foumis à l'empire de la Nation, ou pour ne pas partager fes deftinées. Cette politique peut vous paroître dure, mais je la crois vraie, & je n'imagine pas que vous puiffiez y oppofer des raifons de quelque poids.

Mais fi l'alternative vous femble embarraffante, je vais faire un choix pour vous, ou plutôt je vais vous dire celui qui eft déjà tout fait : que vous en conveniez ou non, vous êtes vraiment partie de la Nation. Vous payez l'impôt, vous contribuez à la maffe du revenu, & vous avez votre part dans les avantages de la dépenfe publique. Ne fervez-

vous pas dans nos armées, ne partagez-
vous pas avec nous tous les emplois
publics ? n'êtes-vous pas Magiſtrats dans
nos Tribunaux & dans nos Conſeils,
Evêques de nos Diocèſes, Abbés de
nos Abbayes, &c., Fermiers & Régiſ-
ſeurs de nos finances, &c. ? Les mal-
heurs de la guerre & les biens de la
paix, & les profits du commerce ne
ſont - ils pas communs entre nous ?
N'avez-vous pas l'uſage de tous nos
ouvrages publics , de ces beaux ports
qui défendent & enrichiſſent votre Province, Breſt, l'Orient, &c. , & dont
vous recueillez & les premiers & les plus
grands avantages ? Et tous ces droits ne
ſont-ils pas nationaux ? Vous êtes donc
partie de la Nation, & vous devez par
conſéquent aſſimiler votre régime au
nôtre, au moins dès que les vices du
vôtre & les avantages du nôtre ſeront
bien établis & bien reconnus.

Eh bien oui, Meſſieurs ; on veut &
nous voulons un changement dans la
conſtitution de nos Etats Généraux, &
nous y voulons cette même repréſen-

tation que votre conſtitution particuliere a éloignée des vôtres. Eſt-ce que
vous en êtes encore à croire à la néceſ-
ſité d'avoir des Etats Généraux ſous la
forme de 1 6 1 4 ? Eſt-ce que vous oſeriez
vous élever hautement contre la repréſentation du Tiers, réglée par le Réſultat
du Conſeil du 27 Décembre, miſe en
égalité avec celle des deux autres
Ordres réunis ? Il faut vous expliquer
nettement , & nous faire entendre
comment on peut voir la perte de
l'Etat dans le rétabliſſement des droits
du Peuple les plus naturels & les plus
inconteſtables, & méconnoître la juſtice
que la Nation a obtenue de ſon Souve-
verain, & le bienfait qu'elle lui doit.

C'eſt bien ſans en avoir aucune
preuve que vous avancez, ainſi qu'ont
fait d'autres défenſeurs de votre cauſe
qui n'étaient pas mieux inſtruits que
vous, ou qui diſſimuloient des faits
connus , que vous avancez , dis-je ,
que la délibération par Ordre eſt une
forme *adoptée, conſacrée par la Nation
françoiſe dans ſes précédentes Aſſem-*

(30)

blées. Qu'est-il besoin de vous répéter ce que vous ne pouvez ignorer, qu'il y a eu des Assemblées précédentes de la Nation françoise, telles que celles de 1302, de 1355, & de 1483, où l'on *a délibéré par tête & non par Ordre*, ainsi que le prouve M. Target, 11ᵉ Suite des Etats Généraux convoqués par Louis XVI.

C'est donc, Messieurs, à l'aide de l'équivoque cachée sous cette expression indéfinie, *Assemblées précédentes*, que vous défendez ici votre opinion. Si vous ne vous étiez pas dispensés de désigner les Assemblées où la délibération s'est prise en effet par Ordre, on auroit vu par cette désignation même, qu'on n'avoit délibéré par Ordre que dans *quelques-unes* des Assemblées précédentes, & non dans *toutes*, comme il seroit nécessaire, pour qu'on pût dire que cette forme a *été consacrée par la Nation dans ses précédentes Assemblées*. Car, Messieurs, il faut que je vous rappelle cette maxime de la logique de

Port-Royal, que *les propofitions indéfi-
nies doivent être prifes pour univerfelles ;*
ainfi il faut qu'elles foient vraies *comme
univerfelles*, pour pouvoir mener à une
conféquence légitime. Or il eft bien
conftant , & vous-mêmes ne pouvez
l'ignorer , qu'il y a eu des Affemblées
nationales *précédentes*, où l'on a opiné
par tête. Votre raifonnement n'eft
donc qu'un pur paralogifme.

Vous femblez avoir voulu prévenir
le reproche que je vous fais de contra-
rier les opérations d'où la Nation attend fon falut, en tâchant de nous perfuader *que le Réfultat du Confeil eft
contraire à l'intérêt des Peuples, à celui
de la Monarchie, du Roi, & de la Nobleffe françoife.* Ce font les termes de
votre proteftation.

Quant à l'intérêt du Peuple, il eft
vraiment étrange de vouloir le lui
faire trouver à n'avoir dans l'Affemblée
nationale qu'une repréfentation imparfaite, & à ce qu'on y délibere par Ordre. Que vous établiffiez cette doc-

trine en Bretagne, & que vous entre-
preniez à vos périls & rifques de la
perfuader à vos compatriotes, c'eft
votre affaire & la leur ; mais que vous
veniez nous l'apporter à nous qui n'a-
vons pas, Dieu merci, votre conftitution, & qui voulons nous en donner
une bonne, c'eft trop préfumer de
votre éloquence ou de votre autorité.

C'eft auffi fauffement que vous alléguez l'intérêt de la Nobleffe françoife
à la confervation des formes vicieufes
de nos derniers Etats,

Vous paroiffez ignorer une grande
vérité, c'eft que, par la force des
chofes, l'intérêt de la Nobleffe elle-
même eft d'avoir une bonne conftitution nationale, parce qu'il lui importe
d'avoir un bon gouvernement, parce
que la profpérité générale & publique
eft au fonds la fienne; qu'il ne s'agit pas
pour elle de vaines diftinctions, de priviléges oppreffifs pour les autres Ordres ; & qui lui coûtent, par cette op-
preffion même, plus qu'ils ne lui rendent

dent, mais de fa propriété même, de fa liberté.

Je ne vois pas, au refte, que vous foyez autorifés à parler au nom de la Nobleffe en général, ni que vous exprimiez fes vrais & durables fenti-mens.

Avez - vous la procuration de la Nobleffe du Dauphiné, qui a arrêté, conjointement avec le Tiers & le Clergé, que fes Députés aux Etats Généraux n'y opineroient que par têtes, & que ceux du Tiers y feroient en nombre égal à ceux des deux autres Ordres réunis ?

Avez-vous les pouvoirs des Nobles qui ont opiné dans le Bureau de Monfieur, pour donner au Tiers une députation égale à celle de la Nobleffe & du Clergé?

Avez vous ceux d'un nombre confidérable de Nobles du plus haut rang, qui ne croient point du tout que leurs prérogatives confiftent à opprimer le Tiers-Etat, & que nous voyons fans cesse revenir à des sentimens plus patriotiques & plus nobles en effet que ceux que vous défendez encore ?

Connoissez-vous enfin les dispositions dernieres & immuables des Nobles de tout le Royaume, qui, n'ayant pas juré comme vous sur leur honneur de ne jamais changer d'opinion sans savoir si on ne leur préfentera pas de bonnes raisons d'en changer, pourront revenir aux sentimens contraires aux vôtres, soit par une conviction qu'ils ont eu la sagesse de ne pas se rendre impossible, soit pour le bien de la paix & le salut de l'Etat?

Reste l'intérêt du Roi, que vous prétendez se trouver aussi à l'opposition que vous faites au Résultat de son Conseil sur la convocation des Etats Généraux.

Ainsi, à votre compte, lorsque le désir & le besoin de remédier au désordre des finances & aux maux de tout genre qui affligent son royaume, déterminent le Roi à convoquer une Assemblée nationale, pour y puifer & les lumieres & les fecours dont l'Etat a un befoin fi preffant, il eft de l'intérêt du Roi lui-même que vous mettiez à fes falutaires projets tous les obftacles qu'y oppofe votre proteftation ; il eft de fon intérêt que vous juriez de demeurer féparés de la Nation, fi la Nation affemblée fuivoit fans réfiftance la route ouverte par le Souverain. Non, Meffieurs, vous ne vous êtes pas flattés de nous perfuader de femblables paradoxes.

Eh bien, Meffieurs, fi vous croyez que la conftitution actuelle de la Bretagne eft, comme vous le dites, la *feule bafe affurée du bonheur des Peuples*, ofez donc envoyer vos Députés aux Etats Généraux, & qu'admis à cette augufte Affemblée, ils entreprennent de nous perfuader que nous devons prendre vos Etats pour modeles des nôtres. Mais non, vous n'auriez pas l'affurance de nous faire une pareille propofition ; & fi vous héfitez feulement fur l'invitation que je vous fais, jugéz-vous.

Quittez donc, Meſſieurs, le projet de nous faire adopter vos idées & votre pratique ſur une conſtitution d'Aſſem-blée nationale. Nous voulons en avoir une bonne, parce que le bien que nous pouvons en attendre eſt auſſi l'objet de tous nos vœux & de toute notre ſollicitude.

Et pourriez-vous douter que lorſ-que, dans un ſiecle éclairé, une Nation puiſſante s'aſſemble pour travailler à ce grand ouvrage, elle ne ſache pas prendre de meilleurs inſtrumens que ceux qu'ont eus vos peres dans des temps d'ignorance & de barbarie, où tant de criantes uſurpations étoient regardées comme de légitimes droits.

Réuniſſez-vous plutôt à nous pour conſommer la régénération nationale par le puiſſant moyen que des circonſ-tances impérieuſes & la bonté du Roi nous mettent entre les mains. Aidez-nous à perfectionner ce moyen, loin de le gâter & de l'affoiblir par le mélange de vos inftitutions imparfaites.

Apportez-nous ce que vous avez de bon ; votre amour pour votre Patrie, qui vous diftingue entre tous les Peuples de France ; votre conftance dans vos opinions, qui vous éloigne de la mobilité dont on nous fait un fi jufte fujet de reproche ; le coürage avec lequel vous avez de tout temps défendu votre liberté contre les furprifes faites à l'autorité ; l'application d'efprit & la vigueur de tête qu'on trouve fouvent chez vous ; votre franchife, dût-elle être quelquefois impétueufe ; enfin toutes les bonnes qualités qui vous caractérifent, & auxquelles perfonne ne rend plus de juftice que moi : mais ne nous apportez pas une conftitution vicieufe & les préjugés qui vous y attachent.

Venez rechercher avec nous & invoquer les lois de la juftice, qui font un meilleur guide que vos conf-

itutions, faites dans des temps d'Ignorance & de trouble ; les droits de
l'homme, qui font plus respectables que
ceux de la Noblesse, lorsque des circonstances malheureuses les mettent les
uns & les autres en opposition ; les
formes raisonnables qu'il faut toujours
préférer aux formes anciennes ; le contrat naturel & primordial de tout Peuple avec ceux qui le gouvernent, dont
les conditions font plus équitables que
celles du contrat de la Bretagne.

C'est ainsi que vous deviendrez nos
véritables Compatriotes, qu'en réu-
nissant nos moyens, comme nos vrais
intérêts font déjà réunis, nous en fe-
rons plus forts pour élever le grand
édifice d'une bonne constitution, &
assurer notre bonheur commun.

Croyez, Messieurs, que cette heu-
reuse réunion & ses effets salutaires
font le seul objet que je me suis pro-
posé en vous adressant ces Lettres. Aucun intérêt ne me les a dictési ; il vous
est aisé de voir qu'elles me font arra-

chées par la conviction, & que je ne vous ai dit que ce que j'ai pensé & senti.

C'est de quoi vous engager, Meffieurs , à pardonner ce que mes expreffions ont pu avoir de trop libre. Je n'ai pas befoin de me défendre du projet infenfé de bleffer des hommes dont je refpecte & l'état & le caractere. Je me flatte, au contraire, de vous avoir donné en cela même une marque non équivoque de mon zele pour vos véritables intérêts.

Ce 1 2 *Février.*